孩子，你是在为自己努力

害怕竞争怎么办

黄莹 何一月 编

科学普及出版社

·北京·

图书在版编目（CIP）数据

孩子，你是在为自己努力. 害怕竞争怎么办 / 黄莹，何一月编. -- 北京：科学普及出版社，2023.6（2023.7重印）

ISBN 978-7-110-10619-8

Ⅰ.①孩… Ⅱ.①黄… ②何… Ⅲ.①心理健康—健康教育—小学—教学参考资料 Ⅳ.①G444

中国国家版本馆CIP数据核字（2023）第084715号

目录

家庭篇

- 父母总拿"别人家的孩子"和我比较……………… 02
- 家里有了弟弟,感觉父母对我的爱减少了……… 06
- 哥哥太优秀,我压力大,不想努力了…………… 10
- 家庭条件差,会输在起跑线上吗………………… 14

学习篇

- 学得比别人慢,我很着急……………………… 20
- 同学总向我请教问题,有时我不想回答他……… 24
- 明明学习很努力,却总比不过其他同学………… 28
- 学习成绩不太好,对自己失去了信心…………… 32

竞选篇

- 觉得自己能力差，不想参加竞选……………… 38
- 如何面对一次又一次的落选……………… 42
- 自认为有组织才能，却没人欣赏……………… 46

才艺与竞赛篇

- 同学多才多艺，我却什么也不会……………… 52
- 跳团体舞时总想突显自己……………… 56
- 参加绘画比赛，没有入围……………… 60
- 个子矮，打篮球不如别人……………… 64

心态篇

- 特别想拆对手的台怎么办……………………… 70
- 害怕竞争,想打退堂鼓………………………… 74
- 不懂得与他人合作……………………………… 78
- 不愿承认别人比自己好………………………… 82

家庭篇

父母总拿"别人家的孩子"和我比较

小朋友说

父母眼里永远有一个"别人家的孩子",总喜欢拿我和"别人家的孩子"比较,说起别家孩子的成就滔滔不绝,满脸羡慕的表情,夸完又把矛头指向我,开始数落我不争气。我很反感,他们什么时候能停止这种比较?我知道他们望子成龙,有点恨铁不成钢,但也不能丝毫不顾及我的感受。

心理疏导

很多小朋友都经历过类似的事情,由于父母总是夸奖别人家的孩子,贬低自己,便总感觉自己很差劲。小朋友,你并不是唯一被比较的人,别太苦恼了,父母这样做,是因为对你期望太高,其实没有任何恶意。如果你觉得他们这么做深深伤害了你,最好和他们谈谈,直截了当地告诉他们你不喜欢被比较,让他们以后不要这么做了。有什么委屈千万别闷在心里,要及时和父母沟通。

不良心理反应

我永远比不过"别人家的孩子",我很差劲。	我讨厌"别人家的孩子",没有他们,父母就不给我压力了。	真烦人,整天拿我和优秀的孩子比。

积极心理暗示

01　　　02　　　03

01	02	03
我只是在某些方面比不上"别人家的孩子",但我也有自己的强项。	我没必要讨厌"别人家的孩子",父母爱比较是父母的事。	父母爱唠叨,爱攀比,可能是我没达到他们的期待吧。我还有更大的进步空间。

03

行动指南

① 把真实的内心感受说出来

很多父母对子女要求高,推崇打压式教育,并不知道孩子的感受和想法。他们误以为夸奖别人家的孩子,可以激励自己的子女上进,没想到最后适得其反。你不妨找个时间和父母深入交谈一次,坦白告诉他们,他们这种教育方式不仅不利于你的进步和成长,反而令你自尊心受挫,给你带来了很多压力和烦恼。当他们了解了你的感受,就会适度改变自己的做法。

② 向父母展示自己的优点和特殊性

孩子是有差异性的,每个孩子都是独一无二的存在。父母可能没有意识到这个问题,只是用大众的眼光来评价子女,发现不了自己孩子身上的闪光点。要让父母马上改变此种观念是很困难的,你只有学会展示自己的优点,让他们看到你的努力,才能获得他们的欣赏。

③ 忽略父母不合理的评价

也许在父母眼里,你永远不如别人家的孩子。无论你多么用功多么努力,始终达不到他们的要求。千万不要因为这个原因轻视自己,也许你不是同龄人中最优秀的一个,但你也有自己的价值。父母对你的优点视而不见,不代表你没有优点,也不代表你不可爱。最好忽略父母不合理的期待以及不合理的评价,只有这样,你才能抵御外界的伤害,真正做好自己。

心理学小课堂

　　心理学家认为,一个人的自我价值感是在童年时期形成的,父母和家庭成员之间的交流互动,直接影响到儿童的自我价值感。人在幼年时期得不到家庭的肯定和鼓励,成年以后很有可能找不到自我价值感。因此,父母拿别的孩子和自己的孩子比较是不明智的,全面肯定别人家的孩子,全面否定自家的孩子,会给子女的心理造成很大的伤害。

　　如果你的父母总是拿别人家的孩子否定你、打压你,最好不要默默忍受,也不要和父母激烈地争吵。最明智的做法是指出他们的错误,告诉他们这么做的危害,要让他们理解你、接纳你,尽量在和谐融洽的氛围中完成一次深度沟通。你要让他们明白,不管你是否比同龄人优秀,你都有自己独特的价值。

家里有了弟弟，感觉父母对我的爱减少了

小朋友说

以前爸爸、妈妈很爱我，有什么好吃的、好玩的都给我，还经常带我到游乐场玩耍。自从有了弟弟，他们对我的态度就变了。他们俩整天围着弟弟转，好吃的、好玩的优先给弟弟，把多数时间都投放到了他身上，不是带着他玩骑马游戏，就是反复把他抱起来举高高，天天乐得合不拢嘴。我明显感到他们对我的关注少了，对我的爱也减少了，心里非常难过。

心理疏导

在多子女家庭中，老大总是容易被父母忽略，这种现象比较普遍。这并不能说明爸爸、妈妈不再爱你了，或者对你的爱减少了。他们对你的关注减少，是因为随着弟弟、妹妹的降临，他们的精力被分散了，同时照顾多个孩子有点力不从心。弟弟、妹妹年龄偏小，需要得到更多照料，所以父母不能像以前那样全身心照顾你了。你也别太难过了，可以试着理解一下爸爸、妈妈。

不良心理反应

| 弟弟、妹妹抢走了父母的爱，我讨厌他们。 | 爸爸、妈妈宠爱弟弟、妹妹，再也不宠爱我了，我太可怜了。 | 爸爸、妈妈偏心，我很生气，也很受伤。 |

积极心理暗示

01	02	03
不是弟弟、妹妹的错，我不能把气撒在他们身上。	爸爸、妈妈爱弟弟、妹妹，也爱我。	有弟弟、妹妹也挺好的，我可以和他们一起玩耍。

⭐ 行动指南

❶ 正确理解父母的"偏心"

父母"偏爱"弟弟、妹妹，是因为弟弟、妹妹年幼，没有自理能力，需要父母花更多时间照顾。父母要照顾弟弟、妹妹，对你的陪伴自然会减少。不妨尝试着站在他们的角度考虑问题，不要太过计较了。有了弟弟、妹妹，父母的注意力会被分散，一些资源也会被分走，这些都是自然的事情，要学会适度分享，别太放在心上。

❷ 重新理解自己在家庭中的位置

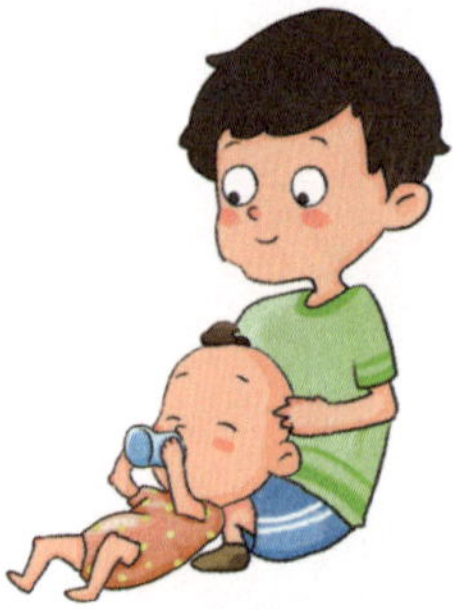

有了弟弟、妹妹，你在家庭中的位置也会悄然发生变化。因为你多了一个身份，成了哥哥或姐姐。父母希望你更懂事更乖巧，帮助他们照顾弟弟、妹妹。而年幼的你还没有学会怎样关照别人，仍然期望扮演被宠爱、被照顾的角色，一时无法理解自己所处的新位置。其实，你已经不再处在最弱小的位置了，要理解自己身份的变化，试着加入照顾弟弟、妹妹的行列。

❸ 把不满和委屈坦白告诉父母

小孩子天性敏感，有了弟弟、妹妹以后，明显感觉父母对待自己不如从前上心了，这是非常正常的事情。每个小孩子从内心深处都渴望父母爱自己，甚至希望父母把全部的爱毫无保留地给予自己，接受不了爱被分割的事实。把你的这些感受都告诉父母吧，告诉他们，你不希望被忽略，也需要被重视和疼爱，让他们在照顾弟弟、妹妹的同时，也适当照顾一下你的感受。

心理学小课堂

　　心理学家认为，儿童和兄弟姐妹之间存在情感竞争，即每个孩子都想从父母身上获得更多的爱。所以，家里增添了新的成员，家中的长子或长女有可能会产生强烈的嫉妒心理。在以后成长的过程中，为了争夺父母的爱，子女会采用各种方法吸引父母的注意力，从而发展出不同的行为模式。家庭中的长子或长女要根据实际情况判断自己在家中的位置，如果不能正确看待自己的处境，形成了错误的观念，很有可能走向叛逆，迷失自己。

　　你是怎么看待自己在家庭中的地位的？觉得自己被忽略了，认为父母更疼爱弟弟、妹妹，自己得到的关爱越来越少？假如有了以上想法，一定要立刻和父母沟通，告诉他们你的情感需求，以防自己在缺爱的环境中长大，日后形成人格缺陷，进而导致严重的心理问题。

哥哥太优秀,我压力大,不想努力了

 小朋友说

哥哥非常优秀,每次考试都考得很好,爸爸、妈妈以他为荣。他不仅学习好,其他方面也很突出,比如他踢得一脚好球,写得一手好字。而我呢,方方面面都很普通,好像不管怎么努力都赶不上他,所以我不想再继续努力了,干脆糊里糊涂混日子好了。

 心理疏导

> 哥哥优秀,确实会给你带来很大压力,你的心情是可以理解的。优秀的哥哥经常被爸爸、妈妈夸赞,获得的肯定比你多。相较之下,你可能觉得自己不够好,不管怎么做,都不可能超越哥哥,得到父母的认可。其实,你不必超越哥哥,只要做好自己就好。把自己该做的事做好,让爸爸、妈妈看到你的长处,他们也会肯定你的。

不良心理反应

哥哥太出色了，我永远比不上，不想再做无用功了。

哥哥是家里的骄傲，我什么也不是。

有个优秀的哥哥真是没有出头之日啊。

积极心理暗示

01

我追不上哥哥的步伐，但也不能自暴自弃啊。

02

家人为哥哥骄傲，我也为他骄傲。

03

有个优秀的哥哥挺好的，他可以成为我的榜样。

行动指南

❶ 我不必非得和哥哥、姐姐一样

一般情况下,家里的哥哥或姐姐在某些方面要强于弟弟、妹妹。这是因为哥哥、姐姐年龄偏大,比弟弟、妹妹优先发育,在智力和身体素质方面都占优势。作为弟弟、妹妹,你也有自己的天赋和优势。在某些方面,你比不上哥哥、姐姐,但在自己擅长的事情上,你比他们强。因此,你不必非得和他们一样,学会扬长避短,才能更好地发展自己。

❷ 了解人和人之间的差异性,成为自己

优秀是相对的,每个人都有优秀的一面。也许你在成绩和技能方面逊色于哥哥、姐姐,但并不意味着你不优秀。要试着挖掘自己身上的潜能和闪光点,将优秀的一面展现出来,而不必强迫自己向哥哥、姐姐看齐。毕竟人与人是有差异的,用单一的标准衡量比较是不对的,你要学会欣赏和肯定自己,这样才能成为更好的自己。

❸ 停止和哥哥、姐姐比较

当你停止与优秀的哥哥、姐姐比较,自卑感和无望感就会瞬间消失。其实你可以不和任何人比较。每个人都有自己的价值,就好比大树有大树的价值,小草有小草的价值,小草不如大树伟岸挺拔,依然是宝贵的存在。要认可自己的价值,无条件地接纳自己,让自己从攀比中解脱出来。

心理学小课堂

　　心理学家认为,在多子女的大家庭中,同胞兄弟姐妹在相互比较的过程中,会产生嫉妒、攀比等不良心理,进而发展成同胞竞争障碍。同胞竞争障碍在儿童中比较普遍,如不能及时处理,很有可能导致情感紊乱。这种心理障碍和情感竞争有关,也和父母的抚养方式有关。一般情况下,父母对家中长子长女的期望更高,对幼子幼女的要求相对要低一些。家中老大为了达到父母的期望,获得认可和宠爱,往往会表现得异常出色。所以,家中的哥哥、姐姐更优秀,是一种较为正常的情况。

　　哥哥、姐姐的优秀,可能会给你带来不小的压力。其实,你不必太介意,你可以在其他领域寻找自己的优势,比如人际关系和专长方面。一般来说,幼子幼女都比较活泼外向,比较讨人喜欢,容易受到大人的宠爱。找到了自己的优势,就可以减轻嫉妒心和竞争欲,达成内心的和谐。

家庭条件差,会输在起跑线上吗

 小·朋友说

我家经济条件不太好,我没有上过补习班,没有去过少年宫,没有去过主题乐园,视野不开阔,不像班上的同学见多识广,有很多课外学习的机会。他们作文写得好,题也做得多,学习起来一点也不吃力,而我思路窄,写作文像挤牙膏,数学也不好,因为题型见得少,稍难一点的题目就不会做。我是不是已经输在起跑线上了,该怎么办才好呢?

 心·理疏导

家庭条件对孩子的学习确实有一定影响,但家境贫寒的孩子只要学习得法,肯用功,就能冲出逆境,获得意想不到的成功。父母无法给你创造好的条件,让你占有更优质的教育资源,你可以自己想办法解决,比如周末到植物园、动物园参观,用自己的视角观察神奇的自然界,平时多阅读多积累,努力扩大自己的知识面。现实中的大部分困难都是可以克服的,千万别让客观条件限制住了自己。古今中外,有很多成功人士都出自贫寒之家。

不良心理反应

我的家庭条件比不上同学，我注定不如他们优秀。

我的资源太少了，干脆不学好了。

我的起点太低了，付出再多努力也没用。

积极心理暗示

01 家庭条件差，不代表我不如别人。

02 有志者事竟成，只要肯拼搏奋斗，就能有所收获。

03 起点低，我更要加倍努力。

行动指南

❶ 停止抱怨，自己创造条件

贫困家庭的学生，看到同学光鲜亮丽，想买什么就买什么，拥有很多自己难以企及的东西，往往会抱怨命运、抱怨父母。这种做法是不可取的。抱怨改变不了命运，与其抱怨家庭、抱怨命运，不如想办法解决问题。没有条件，要想办法创造条件，可以积攒一些零用钱购买课外学习资料，在条件允许的情况下，多接触外界的事物，让自己增长见闻。

❷ 看清自己的优势和劣势

古时候有很多寒门学子都是通过自己的努力改变人生的，比如凿壁偷光的匡衡、囊萤映雪的车胤。可见家境不富裕的孩子，也能取得成就。因此，看到自己劣势的同时，也要看清自己的优势。你比家境优越的孩子更加吃苦耐劳，并且有毅力有决心。客观环境对自己不利，可以发挥主观能动性，用智慧和努力弥补不足。只要不放弃、肯付出，前途就是光明的。

❸ 付出更多汗水，争取逆袭

由于家境的限制，有些孩子在学习竞争方面确实处于劣势。在这种情况下，只有付出比别人更多努力，才能赶上同班同学。知道自己起点低，更应该奋起直追，别人停下或休息时，你依然在奔跑，一定可以超越前面的目标。只要不放弃，终有一日能成功逆袭。

心理学小课堂

　　心理学家认为，低收入家庭资源匮乏，或多或少会影响儿童的认知发展。孩子在成长过程中得不到益智玩具，没法去主题公园，买不起学习资料，不能参加课外兴趣班，确实有可能在某一阶段落后于同龄人。但起跑线不公平，并不意味着这些孩子一定会输。

　　个体决定论者认为，个体的成败不是由最初的经济地位决定的，而是由动机、能力、责任感等内在品质决定的。心理素质强、责任感强的儿童，即便在经济方面处于弱势，长大以后也能成就一番事业。因此，早期无法接触优质的教育资源，并不一定处处落后，一个人如果拥有强大的心理，具备超越同龄人的生活能力和解决问题的能力，同样可以获得成功。

学习篇

学得比别人慢,我很着急

 小朋友说

我接受新知识很慢,听不懂老师新讲的内容,要琢磨好久,才能把例题弄懂,而周围的同学一点就通,不仅能消化吸收新知识,还会做复杂的题。和他们相比,我好像总是慢半拍。我是不是天生比别人笨,天生脑子反应慢?现在我对自己快要失去信心了,觉得自己脑子不灵光,再怎么努力也白费。

 心理疏导

每个学生的学习方式和学习方法都不相同,有的学生接受信息速度快,反应比较敏锐,有的学生需要深入思考才能领悟。比别人学得慢不要紧,俗话说"笨鸟先飞",发现自己学习吃力,可以做好预习,课前先接触一下新知识,上课的时候再认真听老师讲解,努力让自己跟上进度。

不良心理反应

 我反应比别人迟钝,好像没救了。

别人学东西比我快,脑子比我好使,我永远别想赶上人家。

 我是个"榆木疙瘩",不可能开窍的。

积极心理暗示

01 我比别人反应慢,可以通过后天努力弥补。

02 别人比我学得快,我可以提前预习,花更多时间学。

03 我的大脑很正常,多多思考,多加训练,也会开窍的。

行动指南

❶ 肯定自己,我只是节奏不一样

我国古代大教育家孔子早在两千多年前就提出了因材施教的教育理念,旨在强调让学生根据自身特点科学地学习文化知识,尊重每个学生的差异性。学习东西慢,说明你领悟知识的速度和节奏和别的同学不一样,不要因此责怪自己,因为你越是责怪自己,越是暗示自己反应慢、脑子笨,学东西就会越吃力。尝试用温和鼓励的话语安慰自己,比如"我很好""我很棒""我能学会",然后以积极的心态投入学习。

❷ 多阅读,提高思维能力

广泛地阅读有助于提高分析力、理解力,能够让大脑得到足够的训练,使大脑变得更加灵活。此外,阅读对于拓展思路、转换思维大有帮助。长期阅读各类书籍,积累各学科知识,将有效提高你的思维能力,对于学习有明显的启发作用。

❸ 多联系,巩固理解

任何知识点都不是孤立存在的,每个章节的知识之间都是有联系的。觉得自己跟不上进度,无法快速消化新学的内容,可在课下复习前面的内容,把以往的知识和新学的知识联系起来,在巩固旧知识的同时,加强对新内容的理解。

心理学小课堂

　　人们通常认为学习速度快的学生天资聪颖，而学习慢的学生天资平平，前者胜过后者。教育心理学家却认为，学生跟不上进度，和人为因素有很大关系，反应慢的学生天资并不差。为了证实这个说法，一位心理学教授做了一个实验，他把学生分成两组，第一组学生按照传统的教学方式学习，第二组学生可以根据自身的情况来调整学习进度，有时学得快有时学得慢。结果显示，第二组学生成绩更优异，表现也更好。

　　可见，反应慢的学生也能取得好成绩，他们只是不适应传统的教学方式而已。每个人的学习速度和接受能力不一样，按照同样的进度学习自然会有差异，有些学生需要花费更多时间掌握基础知识，基础打牢以后，成绩会显著提升。如果你学东西很慢，不要怀疑自己的智商，多花些时间学习，把新学的知识点吃透，以后一定能以优秀的成绩完成学业。

同学总向我请教问题,有时我不想回答他

 小朋友说

快要期末考试了,同学们都在争分夺秒地复习,每个人都很紧张。我也不例外,整天忙忙碌碌,压力好大。因为我学习不错,班上有个同学经常向我请教问题,我觉得为他解答问题挺浪费时间的,比较耽误自己学习,有时不太想回答他。他见我态度冷淡,很生气,到处宣扬我的不好,说我没耐心帮助同学,自私自利。我特别不理解,我自己时间都不够用,凭什么给他讲题?

 心理疏导

学习时间紧张,不愿意把有限的时间分出去,这是人之常情。可是直接拒绝同学,会引起对方强烈的不满。你腾不出讲题的时间,可以直接告诉同学相似的题目在教材第几页,或者把讲题思路简单讲解一下,尽量用最短的时间让对方把问题弄懂。遇到复杂的题型,你可以把讲题的时间放在课间,以保证不耽误自己正常学习。

不良心理反应

我没有义务给同学解答问题。

我给同学讲题，他学会了，超过我怎么办？

我为什么要帮助竞争对手？

积极心理暗示

01
有余力的情况下，我可以帮助同学解答问题。

02
我给同学讲题，即便他学会了，也未必会超过我。

03
同学不仅是我的竞争对手，还是我的朋友和伙伴，在学习上我们应该互帮互助。

行动指南

① 合理安排讲题时间

学习正投入时，同学要求你给他讲题，肯定会打断你的思路，阻碍你的学习进度，这时你可以委婉地说："现在我正在做题，过会儿再给你讲解，好吗？"尽量把给同学解答问题的时间和自己独立学习的时间分开，在不耽误自己学习的前提下给予同学帮助。若同学实在着急，可以用最简明扼要的方式讲解，将知识点说透即可。

② 学会在讲解过程中巩固知识点

大多数学生认为，给别人讲题，只有坏处没有好处，其实不是这样的。在给同学讲解的过程中，你又重温了一遍知识点，对所学内容有了更深入的认识，这些经历很有可能对日后大有帮助。在讲题时，别人提出疑问，可能会引发你的思考，让你在深化知识点的同时，发现自己的疏漏之处，起到查漏补缺的作用。

③ 提高讲题的效率

假如同一道题目，有好几个同学陆续向你请教，你可以先给第一个人讲解明白，然后让第二个请教的同学去找第一个人询问，以此类推。让问问题的人互相讲解，大家在解答问题的过程中都能得到巩固和提高，你也会轻松很多。你也可以把问同一个问题的同学聚在一起，统一给他们讲解一遍，这样也能避免重复讲解的情况出现。

心理学小课堂

你为什么不愿意给同学讲题呢?无非害怕耽误自己学习,或者担心别人掌握了重要题型,下次考试超过了自己。这是一种比较正常的心理。可是你知道吗?给别人讲题,也有利于自己提高。因为给别人讲解,正符合费曼学习法的基本要领。什么是费曼学习法呢?它是一种备受追捧的学习方法,包括概念、教授、回顾、简化四个步骤。

第一步,先弄清你学到的知识和概念。

第二步,把自己当成老师,向别人传授知识。

第三步,在讲解过程中,找到自己没掌握的内容,翻开书本,温习该内容。

第四步,把学到的内容转化成自己的知识。

给同学讲题符合费曼学习法的第二、第三个学习步骤,能使你更加深入地理解所学知识,加强记忆,增强学习效果。也就是说,给别人讲解,自己也是受益者,时间并没有白白浪费掉。帮助别人的同时,你也在充实自己。

明明学习很努力，却总比不过其他同学

小朋友说

我学习很用功，每节课都认真听讲，还认真做笔记，作业按时完成，考前用心复习，可是不知什么原因，成绩一直提不上去，连表现中等的同学也比不过。有些同学贪玩，不好好写作业，也不好好听课，成绩居然比我好，这太不公平了。难道我真的没有学习天分吗？依靠苦学是不是没用？假如我没有同学聪明，付出双倍努力也赶上不人家，该不该放弃呢？

心理疏导

学习很努力，却取得不了好成绩，想必你一定很失落吧，你的心情是可以理解的。人们都以为一分耕耘一分收获，付出多少就该收获多少。可是在现实生活中，付出和回报不完全成正比，你要学会接受这个事实：不付出肯定没有回报，付出了会有所回报，但结果可能和你预期的不一样。即便这样也别放弃，努力了却没有好的结果，可能是多方面原因造成的。先弄清原因，再去解决问题，相信你一定会有所进步的。

不良心理反应

我付出那么多，却比不上不用功的同学，说明我比别人笨。

我不想努力了，努力也不见得有好结果。

不努力之后考不好，我就不会这么难受了。

积极心理暗示

01
我比别人用功，成绩赶不上别人，可能是学习方法不对。

02
谁也不能提前预知结果，所以我不能轻易放弃。

03
努力去学，即便成绩不理想也不要紧，因为我问心无愧。

行动指南

① 找对学习低效的原因，提高学习效率

学习时间的长短和学习成效之间有时并不成正比，有的学生花费两个小时学习，效率却不如别人学半个小时。所以，不要总是强调自己投入了多少时间，自己有多努力，要静下心来想一想自己学习低效的原因是什么。比如你只是机械式地学习，没有求知欲，不爱思考，分析理解问题不够透彻，或者你只是被动地完成学习任务，没有学习热情，导致学习效率低下，等等。找到学习低效的原因，再想想用什么方法改进，只有这样，你才能提高学习效率。

② 不自我贬低，不放弃

明明很努力，却比不上不用功的同学，你会下意识地把一切问题归咎于先天的缺陷，比如自己不如别人聪明、没有学习天赋等。总是自我贬低，自信心受挫，学习效果会越来越差。先别盲目否定自己的学习能力，要相信自己，坚持不懈地努力下去，你一定会慢慢进步的。

③ 夯实基础，提升成绩

学习是一个循序渐进的过程，新旧知识点之间具有一定的连贯性。基础不牢，就会影响以后的学习。所以，夯实基础就显得尤为必要了。先不要盲目做题，别搞题海战术，把基础知识全部弄懂弄会，将基本的知识点完全掌握了，再去提升自己的思维能力。做题时不要生搬硬套，要学会利用基础知识和基本原理解题。

心理学小课堂

　　有些人明明很努力，结果却不如预期，这是为什么呢？心理学家认为，这种现象主要是畏惧心理导致的。有些人虽然很努力，但情绪状态不佳，因为害怕失败，在行动上往往是退缩的，即便有了成功的机会仍然会逃避。这类人相信，不去尽力做某事，即便没有成功，也不会被人嘲笑，而一旦尽全力做了却没有成功，就会受到来自他人和自己的否定，这会严重伤害自尊心。

　　为了避免这种情况发生，他们会适度地保存实力或者表面用功。实际不努力，结果不如预期就去寻找看似合理的理由，把自己的行为合理化。儿童也会有类似的心理，表面用功的孩子可能并没有全力以赴。你不妨问问自己，有没有付出百分之百的努力，如果答案是否定的，那么从今天开始，要努力克服失败的恐惧，拼力学习，也许结果会大不一样。

NO.4

学习成绩不太好，对自己失去了信心。

小朋友说

我学习成绩一直不太好，门门功课亮红灯。老师看不起我，觉得我给班级拖了后腿；同学嘲笑我，说我笨；爸爸、妈妈对我感到失望，总是唉声叹气。我心里好难受，对自己越来越失望。我是不是很差劲呢？其实我也想学习好，可是怎么学也学不会，现在对自己完全失去了信心，不知道以后该怎么办。

心理疏导

首先，你要明白，学习成绩不好不代表失败，学习效果不佳不代表你什么也没学到，不要因为成绩不理想就看低自己，也不要因为别人对你的评价，就给自己贴上"差生"的标签。其实每个学生都很独特，用学习优劣来评价学生是不对的。在大环境无法改变的情况下，你要学会调整心态，自己给自己打气，在没人喝彩的日子里自己给自己鼓掌。别给自己太大压力，让自己的每个今天都比昨天进步一点点，你一定会看到未来的曙光的。

不良心理反应

我不是学习的料，根本不该上学。	既然大家都说我是差生，那我干脆破罐子破摔好了。	我也想有漂亮的成绩单，可是我做不到。

积极心理暗示

01	02	03
我只是暂时学习不好，以后的事谁能预料呢？	别人不认可我，不代表我不行。我的真实水平也许还没有发挥出来呢。	学习不好不要紧，只要能学到有用的东西就行。

行动指南

❶ 克服学习障碍，请别人帮助自己

如果你的学习一直没什么起色，无论怎么努力，都没办法提高成绩。可以和父母商量一下，请亲戚辅导自己。小学是打基础的阶段，基础不好，以后学习会更吃力。如果父母工作忙，不能给你辅导功课，也可以请哥哥、姐姐来辅导你，相信你的学习很快就能有很大提升。

❷ 正确看待学习成绩

成绩不好不代表不优秀，成绩不好的学生身上也有闪光点。要学会正确看待学习成绩，即便成绩不理想，也不能把自己贬低得一无是处。千万不能因为一张成绩单而迷失自我，无论老师和家长是否认可自己，自己都要肯定自己，无论如何，不能用学习成绩衡量自己的价值。

❸ 培养良好的学习习惯

学习差的学生容易产生破罐子破摔的心理，对功课越来越抵触。要想办法纠正这种不良心理，有意识地培养良好的学习习惯。上课要认真听讲，作业要按时完成，不懂不会的题目要及时弄懂，出错率较高的题目要重点注意。养成好的学习习惯，多多努力，你肯定能取得不小的进步。

心理学小课堂

　　美国心理学家塞利格曼曾经提出"习得性无助"的概念，它指的是负面经验的累加和重复性失败会让人产生无望、无助的心理，从而丧失进取的动力，完全听凭命运的摆布。这种心态很好理解，通常情况下，第一次把事情搞砸，人们往往认为是偶然因素造成的，但接二连三地把事情搞砸，人们便会对自身的能力产生怀疑，进而习惯性否定自己。

　　其实一次又一次的失误只代表过去，不能代表未来。小朋友，千万不要被过去的经验束缚住，不管你之前的成绩如何，现在的学习状况如何，都不能预示你的未来。从今天开始，努力学习，把过去的不快统统忘记，好好把握每一个今天，好好为明天蓄力，未来的你一定会越来越棒，越来越优秀。要学会给自己希望，哪怕所有人都不相信你，你也要相信自己，相信自己，才能成为自己渴望成为的人。

竞选篇

NO.1

觉得自己能力差，不想参加竞选

小朋友说

我觉得只有特别优秀的同学才有资格竞选班干部，能力一般或者各方面表现差劲的学生都不该凑热闹。学习成绩差的同学不适合当班干部，他们即便当上了，也不能服众，谁愿意被差生管理呢？性格内向、社交能力不强的同学同样不适合当班干部，因为他们不擅沟通，不能增强班级的凝聚力。我学习不好又不会社交，干脆别参加竞选了，这么想对吗？

心理疏导

小朋友，你对自己的评价太低了。你不可能各方面都差劲。学习不好可以努力，社交能力不强也可以培养。竞选班干部，成为班干部，可以锻炼你的沟通协调能力。觉得自己各方面表现平平也可以参加竞选，能不能选上不重要，参与竞选活动，可以锻炼自己的表达能力和胆略，对日后的成长也是有好处的。

不良心理反应

我不优秀，不配参加竞选。	我肯定选不上，还是别去凑热闹了。	我那么平庸，谁会把票投给我？

积极心理暗示

01 任何同学都可以参加竞选。

02 不管能不能选上，我都可以试试。

03 我虽然没有那么出类拔萃，但也有自己的优势。

行动指南

❶ 把竞选当成一次历练和挑战

告诉自己,参加竞选是为了挑战自己,即使没选上也没关系,敢于站在讲台上就已经赢了。上台演讲你可能会紧张,可能无法自如地表达,但不要紧,即使磕磕绊绊地完成了整个流程,你仍然很了不起。因为你战胜了自己的胆怯,以后肯定会更加勇敢的。

❷ 优先竞选要求相对不高的职务

如果你觉得自己不具备担任重要职务的本领和特质,当选的可能性不大,可以选择要求略低的职务,比如卫生委员、劳动委员、体育委员等。不要小瞧任何一个职务,每个职务都能在一定程度上锻炼你的综合能力,还能培养你的责任心,让你在帮助别人的同时提升自己,对于你的性格养成是大有裨益的。

❸ 重点展现自己投身于班级事务的热情

在能力和学习方面,你可能比不上强劲的竞争对手,不妨把重点转移到软实力上,把自信、进取、奋发向上的精神风貌展现出来。竞选发言时,要尽力表现出自己对工作的热忱,以及对于班级事务的关心,让同学感觉到你旺盛的精力和超凡的热情。同学被你的诚挚和热血打动,或许会纷纷为你投票。

心理学小课堂

客观来说，一个班级里，特别优秀和特别糟糕的学生所占的比例都比较少，大多数学生都处在中等水平。很多中等水平的学生都喜欢妄自菲薄，觉得自己不够出众，以致不能正确评价自己，在竞选班干部时，普遍不够热情。

事实上，儿童的智力水平和能力水平不是恒定的，而是一直处于发展变化中。居于平均水平的孩子，要是敢于突破自己，就能获得更多发展自己和提升自己的机会。也就是说，能力是锻炼出来的，先天能力不足，可以通过后天的努力补足。以自身能力差为由，自动放弃机会，是裹足不前的表现，是不值得提倡的。每个人的人生都有无限可能，小孩子没有完全被塑造成型，拥有更多可能性。千万不要自己局限自己，勇于超越自己，才能成就更加强大的自我，才能在以后的竞争中立于不败之地。

NO.2
如何面对一次又一次的落选

小朋友说

前些日子,我们班改选班委,我满怀信心地参加了竞选活动。这是我第三次参加竞选,前两次没经验,准备不充分,没能赢得同学的信任。这次我有备而来,发言稿写得很棒,竞选发言的时候收获了不少掌声。我本以为这次能成功当选,谁知最后竟以两票之差,输给了另外一个候选人。我很难过,这已经是我第三次落选了,我已经连续失败三次了,感觉有点心灰意懒了。

心理疏导

小朋友,落选并不等于你被同学彻底否定了,以后再也没有机会担任班干部了。落选只是暂时的,你不要轻易否定自己。这次参选,你的票数不低,说明同学还是认可你的,没被选上是因为竞争对手更强劲一些。努力提升自己,日后你仍有很多机会锻炼自己。

不良心理反应

- 我又一次落选了，我又输了！
- 我不想再参加竞选了，一次又一次落选，实在太丢脸了。
- 我不可能当选了，都尝试那么多次了，一次也没成功。

积极心理暗示

01 我虽然又落选了，但没有彻底输，只是暂时没有赢得竞选而已。

02 胜败乃兵家常事，落选没什么大不了。

03 尽管失败了很多次，我还是有希望当选的。

行动指南

① 认清竞选的意义

参与竞选是为了培养勇气，增强自信，锻炼自己各方面的能力，无论是否当选，能积极参与本身已经很好了。成败并没有那么重要，没有必要因为在竞选中落败而自我指责，主动参与竞选本身就是一种成功。作为竞争的参与者，应该冷静地面对胜利，优雅地面对失败。记住，胜负不重要，参与才重要，把这次的不甘化为动力，争取下次竞争有更好的表现。

② 弄清落选的原因

接连落选，非常有必要弄清失利的原因。仔细分析一下，你为什么会输给竞争对手？是因为对方实力太强，还是自己在某些方面做得不够？抑或是准备不够充分，无法赢得同学的信任和支持？找到原因之后，要想办法超越自己，超越对手，积极为下一次竞选做准备。

③ 寻求安慰

落选的经历会给你带来很多负面的感受和体验，这时候你肯定非常需要安慰。感到难过的时候，可以和家长分享自己的心情，也可以跟要好的同学好好沟通一下。在倾诉的过程中，你的不良情绪将得到宣泄，他人的劝导和安慰能帮助你消除执念，让你用更平和的心态看待落选这件事。

心理学小课堂

在竞选班干部时接二连三地失利，会对自己的能力产生深深的怀疑，进而影响到自己的心态，那么该怎么自我调节呢？首先，不要否定自己，而要给予自己充分的肯定。你具备屡败屡战的勇气，即使面临一次次失败，面对机会仍然敢于争取，这本身已经很棒了。其次，要知耻而后勇，在发挥长处的同时，尽力把自己的短板补齐，争取以后赢得更多选票。最后，要鼓励自己，把眼光放长远些，将美好的期待寄托到未来，以消除现在的沮丧心情。

NO.3

自认为有组织才能，却没人欣赏

小朋友说

我想竞选文艺委员，因为我相信自己有能力组织各项活动，相信自己的组织能力和协调能力强过别的同学。上次班级排练话剧和民族舞，班里的文艺委员生病请假了，各项事务都是我处理的。那次活动举办得非常成功。我看到了自己的潜力，觉得自己有能力胜任文艺委员的职务。可是大家很快把那件事忘记了，并不欣赏我的能力。我担心我的票数太少，不能成功当选，心情十分忐忑。

心理疏导

小朋友，既然你对自己的组织能力很自信，又有过组织文艺活动的经验，那么不用担心了，你当选的可能性很大。上次的表现也许你没有给同学留下深刻的印象，没能赢得大家的赞赏，不要紧，参加竞选活动时，你可以重点强调上次的活动，也许会赢得不少同学的支持。

不良心理反应

同学不欣赏我，我无论多么优秀都没有用。

我自认为有能力，是不是太自负了？要是我真的能力出众，为什么同学没发现？

我对竞选信心不足，真怕会落选。

积极心理暗示

01 同学不欣赏我，只是因为不了解我，我会改变他们的看法的。

02 同学不知道我的能力和水平，我一定要努力发光，不让自己埋没。

03 这次竞选，我对自己很有信心。

行动指南

❶ 客观评价自己，并通过实践证明自己的能力

客观来说，你的能力不差，完全有资格担任班干部的职务，但因为你过于平和低调，不露锋芒，在大家心目中缺乏存在感，以致竞选时不被记起。这是非常可惜的。要想不被忽视，你应当多多参加实践活动，让更多同学注意到自己，并主动展现自己的优势。

❷ 抓住机遇，努力表现自己

班级组织活动，不妨毛遂自荐，主动做一些辅助类的工作。在工作过程中，要大胆表现自己，把自己的组织才能充分发挥出来，让老师和同学对你刮目相看。既然有竞选班委的想法，就不能太低调，要善于抓住一切机遇，在机会面前不能退缩，要勇敢地抓住每一个机会，亮出你的闪光点，让同学欣赏你、认可你。争取摆脱默默无闻的状态，在竞争中脱颖而出。

❸ 积极参加竞选，让同学了解自己

对自己的才能只是"自认为"是不够的，要积极主动地表达和展现自己，别人才能了解你，进而欣赏你。参加竞选，必须要让同学看到你的自信和风采，一定要以饱满的热情和昂扬的姿态投入到竞选活动中。

心理学小课堂

　　心理学家认为，任何人都有被欣赏被需要的需求。作为群体中的一员，人们无法忽视他人对自己的看法，谁都不想被忽略和遗忘。而担任重要职位，既可以增强存在感，又能满足自身需求，对于大多数人来说都是具有诱惑力的。儿童担任班干部，不仅可以得到群体的激励，而且可以增强责任感，是非常有意义的。

　　你认为自己足够优秀，想要成为领导者和组织者，是一种正当的心理需求，不要感到不好意思。即使同学目前不太欣赏你，也不要轻易放弃，要学会推销自己，争取把自己打造成优秀干练的形象，多为自己增添加分项。也许从目前的情况看，你的影响力还不够，不过你仍然要坚持到最后。无论你是否当选，这次经历都会转化为宝贵的经验，对你日后的人生将有重要指导意义。所以，不到最后关头绝不能轻易退出。

才艺与竞赛篇

NO.1

同学多才多艺，我却什么也不会

小朋友说

在一次文艺晚会上，同学们载歌载舞，为大家献上了一个又一个精彩的节目，台下的观众都看呆了。参与表演的同学个个像明星一样耀眼，是那么引人注目，真没想到他们有那么多才艺。女同学既会跳"天鹅湖"，又会唱英文歌，男同学吹长笛中气十足，架子鼓打得也特别好。而我什么也不会，身上没有一点光彩，只能待在角落里默默地欣赏别人的演出，心情莫名有点低落。

心理疏导

没有人天生多才多艺，你的同学能歌善舞，必然经过了专门的训练和学习。你要是羡慕他们，也想成为一名多才多艺的学生，可以利用寒暑假报一些兴趣班，用心学几门才艺，没有必要自惭形秽。你的同学经过了系统的学习，才掌握了好几门技艺，你不曾参加过相关培训和学习，当然比不过他们，不在同一条起跑线上竞争，落后于人是很正常的事情。你不必责怪自己，有兴趣的话，也学几门才艺，别人能做到的事你也能做到。

不良心理反应

- 同学都有才艺，我却什么都不会，我太没用了。
- 我没有才艺，只会读书，说明我是个高分低能的学生。
- 我什么也不会，没有才华。

积极心理暗示

01 才艺是后天培养的，不会可以学，没什么大不了的。

02 我没有才艺，是因为没把时间放到学习才艺上。

03 我没掌握才艺，不代表我没才华，只能说明我以前没朝相关方向发展。

行动指南

❶ 找到自己的兴趣和特长，确定努力的方向

学习才艺表演不能盲目，一定要结合自己的兴趣和特长。想想自己做什么事最开心、最擅长做什么，先对自己做一个全面的评估，再决定学习哪些才艺。别逼自己学习不擅长的东西，不能因为羡慕别人而盲目效仿他人，要结合自己的性格特点谨慎选择。要知道，学习才艺是为了陶冶情操、修炼内涵，不是为了攀比。端正态度以后，方可投入到才艺的学习中。

❷ 要适度平衡学习和参加兴趣班的时间

参加兴趣班学习才艺，一定要利用课余时间，并且要保证全部功课已经完成，所学知识已经全面掌握。千万不能为了培养才艺，耽误正常的学习。学生在校阶段，最重要的任务是学习，培养才艺只是锦上添花，无论如何，不能主次不分。

❸ 培养一技之长，大方参与文娱活动

看到同学在舞台上大放异彩，你也想表现自己，可是苦于没有才艺，没有勇气参与。其实，你可以有步骤有计划地培养一技之长，利用业余时间不断增进自己的技艺。等到熟练掌握才艺时，主动报名参加文娱表演，也许初次登台就能一鸣惊人。

心理学小课堂

　　小学生培养一门或几门才艺既可以丰富业余生活，又能提升自己的艺术素养，可谓好处多多。那么该怎么掌握才艺呢？心理学家认为，儿童学习才艺，只需掌握两个步骤即可：一是模仿，二是重复。

　　小孩子天生具有超强的模仿能力，可以利用这个优势，投入到才艺的学习和训练中。平时多多观察教授才艺表演的老师是怎么表现的，对老师的动作、表情加以模仿，等到你模仿得惟妙惟肖，已经非常接近老师的表演时，才艺水平可能已经大大提高。才艺训练，大多是简单的重复。成年人普遍觉得机械式重复枯燥乏味，以致无法坚持。然而简单重复对于小孩子来说却有很大吸引力。年纪小的孩子喜欢循环听一首儿歌或重复听一个有趣的童话故事，对简单重复丝毫不厌烦。不妨利用这个心理特点，多花点时间重复练习，或许不需要花费太多精力，你就能轻松掌握一门或几门才艺。

NO.2

跳团体舞时总想突显自己

小朋友说

"六一"儿童节,我参加了团体舞表演,我们几十个人齐刷刷地做着统一的动作,跟着节拍伸胳膊抬腿,整齐得像参加检阅的部队。我猜,从远处看,我们的队伍一定很壮观,因为我们是一个整体,规模浩大、整齐划一,但主席台上的校领导能清楚地看到谁跳得好,谁跳得不好。我想好好表现一下,于是跳舞的时候格外卖力。没想到表演结束后,老师批评了我,说我动作力度太大,破坏了画面的和谐。他批评得对吗?

心理疏导

小朋友,你跳的是团体舞不是单人舞,不能只想着表现自己,而要考虑自己的肢体动作是否符合规范,有没有影响整体的效果。作为团队中的一员,要有团队精神和集体荣誉感,为了突显自己而扰乱团体舞秩序的做法是错误的。老师的批评是对的,希望你虚心听取老师的意见,别再犯类似的错误了。

不良心理反应

| 我跳舞比别人跳得好，理应成为焦点，让别的同学当陪衬。 | 那么多人一块跳舞，我不刻意突显自己，谁会注意到我呢。 | 即便跳团体舞，我也能一枝独秀。 |

积极心理暗示

01
我们是一个团队，每个人都很重要，谁也不是谁的陪衬。

02
大家一块跳舞，追求的是整齐划一的效果，我没必要突显自己。

03
跳团体舞，讲求协作精神，团队的荣耀高于个人，我不能只想着表现自己。

行动指南

❶ 增强集体归属感

每个人都是独立的个体，但作为团队中的一员，一旦有了归属感，就会把团队的荣誉和利益放在首位，绝不会做出损害团队利益的事情。对团队有强烈的归属感和认同感，就会把每一个成员当成合作伙伴，而非竞争对手，就不会产生赶超或压制他人的想法。跳团体舞不顾及舞蹈队的整体表现，也不在乎自己张扬的表现是否影响了其他同学，显然是缺乏集体归属感导致的，只有改变认识，才能纠正自己的错误。

❷ 树立正确的竞争意识，发扬团队合作精神

你要充分认识到，自己加入了一个团队，就不再是一个人，而是属于一个集体。参与团体舞的表演，团队内部是一个整体，你的竞争对手是其他舞蹈队，不是自己团队的内部成员。只有发扬团队合作精神，认真配合同学演出，才能战胜其他舞蹈队，赢得比赛的胜利。

❸ 提高责任意识，为共同目标努力奋斗

作为舞蹈队中的一员，你既要对自己负责，又要对整个舞蹈队负责，不能只想着出风头，而要为团队的共同目标奋斗。要知道，任何整体都是由一个个个体组成的，作为个体你必须待在自己的位置上，做规范的动作，保证每个肢体动作符合整体的节奏，这样才能实现团队的共同目标，为观众献上精彩的演出。

心理学小课堂

　　团队内部成员之间，既存在协作关系，也存在一定的竞争关系，总的来说，协作关系大于竞争关系。一个优秀的团队必然是一个凝聚力极强的集体，内部竞争过于激烈，合作的基础就会瓦解。如果团队成员只想突显自己，总是紧盯着个人目标，无视团队的整体目标，那么整个团队就会变成一盘散沙，将彻底失去竞争力。

　　具备竞争意识本身没有错，想要表现得比别人好也没有错，但竞争的方向错了，就不可能有好的结果。作为团队中的成员，应该想办法把外部竞争的压力转化为内部协作的动力，这样才能战胜其他团队。所以，在参加团体舞表演时，要把目光投放到团队之间的竞争上，争取为自己的舞蹈队争得荣誉，暂时抛开个人的表现欲，抛开内部竞争，促成团队的最终胜利。

NO.3
参加绘画比赛，没有入围

小朋友说

这个学期我报了一个绘画班，学会了素描，掌握了构图、色彩的基本知识，没事的时候自己勤加练习，渐渐爱上了画画。我虽然没有绘画功底，但热情很高，听说学校正在举办绘画大赛，我二话不说便报了名。谁知学校高手如云，参赛的佳作太多，我的作品没有入围。我有些失望，这才意识到自己画工太差，和真正会画画的同学相比，自己的作品不值一提。我很迷茫，不知道以后要不要继续学画画了。

心理疏导

你刚刚学习绘画，还处在起步阶段，没办法和功力精深的同学比，参加绘画大赛作品不能入围，是一件非常正常的事。别太沮丧了，既然你很喜欢画画，又有很高的热情，就不该轻易放弃。继续学习绘画吧，别把参赛的事情放在心上，虽然你的作品在初赛环节就被淘汰了，但这不能说明你没天分。认真修炼和打磨自己，也许你也能创作出了不起的作品。

不良心理反应

- 我连入围的资格都没有,说明我很差劲。
- 我被淘汰出局了,太伤心了,以后再也不参加比赛了。
- 我的作品在初赛环节就被否定了,可见我根本不适合画画。

积极心理暗示

01 作品没入围,我感到很遗憾,但我不能因此否定自己。

02 第一次参赛被淘汰很正常,我要提升自己,以后还可以参赛。

03 我的作品暂时被否定了,可我还想坚持画画,因为我热爱绘画。

行动指南

1. 继续努力，提升画技

绘画比赛没有入围，可能是因为你的画技不够成熟，画作比较平庸，缺乏新意，不能给评委老师眼前一亮的感觉。不要灰心，继续努力，好好钻研，慢慢提升画技，待技法纯熟，再去参赛，就比较容易入围了。

2. 认清绘画对自己的意义

你为什么学习绘画？是为了在比赛中获奖，在学校赢得荣誉，还是为了自娱自乐，想要把画画发展成自己的兴趣爱好？如果你学画只是为了赢得奖项，那么你很有可能坚持不下去，毕竟获奖的同学很少，大多数同学都会空手而归。如果你把画画当成爱好，输赢就没有那么重要了，不管是否能入围，是否能得奖，你都会坚持自己的爱好。慢慢修炼基本功，绘画水平早晚会得到提升。

3. 利用参赛机会开阔眼界

比赛结果已成定局，不要再为自己表现失利难过了。不妨利用这次参赛机会，好好欣赏别人的作品。看看别人的作品在立意、构图、色彩运用上，都有哪些亮点，相信那些佳作一定会对你有所启发。把这次参赛当成一次学习的机会，对于日后提升自己的画技肯定大有帮助。

心理学小课堂

　　在比赛中胜出，是一种能力，比赛失利后调整好自己的情绪，是一种更宝贵的能力。由于种种原因，有些选手在初赛环节就出局了，连进入决赛的资格都没有，在这种情况下，大多会感觉自己特别失败。其实，换作任何人，都有可能有类似的感受。所以，你不要否定自己的真实情绪，而要无条件地认同自己的情绪，哪怕它完全是负面的。

　　心理学上，把悲伤、紧张、沮丧、焦虑等情绪称为负面情绪。研究表明，对抗负面情绪，往往会让自己的心理状态更糟糕，只有认同和接纳负面情绪，才有可能战胜它。然而认同自己的情绪不等于放任自己颓废，认同之后，要快速调整情绪，学会释怀，释怀之后再出发，高高兴兴地迎接新生活。假如你无法消化负面情绪，可以尝试着转移注意力，做几件能让自己充分放松的事情，也许短短几天工夫，所有烦恼都抛到九霄云外了。只要你不揪着失败的痛苦不放，痛苦很快会远离你，快乐就在不远处向你招手。

NO.4

个子矮，打篮球不如别人

小朋友说

我们班篮球队的队长是个高个子，不仅传球运球技术好，投篮的动作更加漂亮。我和人家没法比，我是球队里个子最矮的一个，在身高上处于劣势。我参加篮球队那么久了，只是扮演传球手的角色，几乎没有投篮的机会，球技一点进步都没有，心里非常失落。

心理疏导

小朋友，打球的乐趣不单在于投篮得分上。不是只有得分的队员，才值得尊敬和崇拜。打篮球是一项团体运动，需要不同成员之间的默契配合，能够熟练地传球，本身也是值得称道的。你个子不高，可以多多练习抛投的技术，配合队员投篮。如果特别渴望成为投篮高手，最好掌握一定的技巧，利用弹跳能力扭转劣势。

不良心理反应

- 篮球运动是为高个子设计的,我这么矮怎么投球?
- 我恐怕成不了灌篮高手了。
- 我不可能击败别人,还是不要坚持了,干脆退出篮球队好了。

积极心理暗示

01 高个子更适合投球,矮个球员弹跳能力好照样能投球。

02 身高不是问题,小个子也有可能成功灌篮。

03 学会投球技巧,也许我也能击败高个的对手。

行动指南

❶ 掌握投球技术

身高不足，可以利用技术补救。在篮球界，有一种动作叫后仰跳投，它专门为个子矮的球员设计，有一定的难度，需要反复观看视频，反复练习才能掌握。你可以试着研究球星乔丹和科比投篮的视频，认真琢磨后仰跳投的技巧，完全学会了之后，再应用到球场上。

❷ 扬长避短，突破自己

在篮球场上，小个子也有自己的优势。矮个子的球员通常重心低，动作灵活，脚步移动快，节奏感强，控球感强于其他球员。你不妨利用这个优势琢磨出一套适合自己的打法，不要直接投篮，可采用高频率的动作干扰对手的判断，然后以迅雷不及掩耳之势完成投篮的动作。

❸ 配合队员投球

矮个子球员因为身高受限，必须掌握比较全面的技巧，才有可能投篮成功。如果你无法掌握这些技巧，不妨把投篮的机会让给别人。不要总想着自己出风头，在赛场上团队的利益是高于个人利益的，亲自投篮固然能赢得掌声，放弃投篮机会，成为最佳传球手，同样能获得大家的认可。

心理学小课堂

　　心理学家多伊奇曾经做过一个有关合作与竞争的经典实验，实验结果表明，人们在合作过程中，仍然存有强烈的竞争意识，即便是在同一个组织和团队中，成员之间仍然希望通过战胜他人来证明自己的价值。也就是说，虽然人们也懂得分工合作，但在心理上更倾向于竞争。

　　在体育竞技中，这种现象比比皆是。个子矮的篮球运动员不甘心永远扮演传球手的角色，会努力克服自己的劣势，成为万众瞩目的灌篮高手。你有同样的想法很正常，如果你能掌握灌篮的技巧，当然可以当灌篮高手。要是你克服不了身高的弱点，做个传球手其实也不错。不要过分高估自己在赛场上的重要性，也不要轻易否定自己的价值。任何一个角色都是不可或缺的，任何一个角色都能让你绽放光彩，只要你做到最好，就能证明自身的价值。

心态篇

NO.1

特别想拆对手的台怎么办

小朋友说

我们学校即将举办演讲比赛，每个班级只有一个参赛名额。我和另外一名同学竞争。我努力说服老师把演讲的机会给我，老师觉得我各方面都很出色，但演讲水平不如那位同学，不想选我。于是我就想在老师面前说那位同学的坏话，这样做对吗？

心理疏导

有竞争就有对手，但对手不是敌人，有时候和对手竞争，反而会促使自己进步。最后是否胜出并不是最重要的，重要的是参与和比试的过程。和同学竞争，应该按照正常的规则比试，谁更有资格参赛，就让谁代表班级出赛，这样对个人和班级都有利。

不良心理反应

- 谁跟我争抢机会，我就拆谁的台。
- 既然在背后搞小动作管用，为什么不尝试一下呢？
- 优秀的同学打击了我的自信，所以我才想搞破坏，这不能怪我。

积极心理暗示

01 每个同学都有平等竞争的机会，我不能敌视任何同学。

02 我可以凭实力战胜对手。

03 遵守规则，我不一定会输。

行动指南

1. 端正自己的心态

不要以为拆别人的台，让别人出丑、尴尬，自己就能胜出。大家的眼睛都是雪亮的，你在背后悄悄做小动作，是很容易被发现的。同学知道了你的行为，日后很有可能看不起你，老师也会对你产生不好的看法。所以，你拆别人的台，不仅不能赢得机会，还有可能让自己在学校抬不起头来。既然拆台行为损人而不利己，就应该被消灭在萌芽状态中，万万不能执行。

2. 正确看待竞争对手

对手是让你壮大自我的参照物，是你奋力追赶的目标，他的存在对你是有好处的，你应该发自内心地支持和感谢对手，而不应该算计对方。别把对手看成劲敌，他们是你的同学，不管你们之间竞争有多激烈，都不要拆对方的台。要堂堂正正做人，正大光明地竞争，即便输给对方，也不能做有损于人格的事情。

3. 团结友爱，公平竞争

学校里虽然存在激烈的竞争，但同学之间不仅是竞争关系，还是团结友爱的同盟关系，大家在同一所学校学习，在学习生活中互相帮助、彼此友爱，构成一个紧密相连的整体，谁也不能脱离了群体单独存在。因此，不要让过度的欲望损害了同学之间纯洁无瑕的友谊，而要本着友谊第一、比赛第二的原则，公平地参与各项竞争。

心理学小课堂

　　竞争分为良性竞争和不良竞争。拆对手的台是不良竞争的典型行为，这种行为是由不良心理导致的。那么怎样克服不良心理呢？唯一的方法就是看透竞争的本质。竞争不是一方压倒另一方的较量，而是一种友好的比试和切磋，即便形势对自己不利，也要保持尊严、继续战斗，无论如何，都不能采取任何不道德的手段。面对激烈的竞争，要克制、忍耐，努力调适自己的状态，争取调动潜能，发挥出自己的最佳水平，无论成败，都平静接受。假如对手十分强大，可以把他看成教练或目标，让对手逼迫自己奋发努力，一旦超越了对手，要真诚地感谢对方，任何时候都不要敌视或伤害对手。

NO.2

害怕竞争，想打退堂鼓

小朋友说

今天学校组织了一场拔河比赛，我们班分成了四个小组，老师宣布了比赛规则，先让两两小组拔河，然后由选拔出的两个优胜小组决战。同学们觉得这个比赛很有趣，全都欢欢喜喜地加入了拔河小组。而我不想加入，我一向讨厌竞争激烈的体育活动，适应不了你争我夺的场面，而且害怕输掉比赛影响一天的好心情，因此产生了打退堂鼓的想法，我是不是很没用？

心理疏导

虽然你还是一名小学生，但想必已经对学校里的各类竞争有了初步认识。如今，学生不仅要面临学业上的竞争，还要在各项活动中大展拳脚，不管你是否喜欢，都不可能完全避开竞争。其实竞争并不可怕，失败也不可怕，这次在竞争中落败了，争取下次取得胜利。即便没有胜利也不要紧，要允许自己慢慢进步、慢慢成长，什么事情都不能操之过急。

不良心理反应

> 我如果不参加任何竞争，就不会失败了。

> 我没有勇气和别人较量，还是算了吧。

> 我害怕竞争，干吗要为难自己？还是早点退出为好。

积极心理暗示

01
学校里处处都有竞争，逃避不是办法。

02
我相信我有能力克服障碍，参与正常的竞争。

03
我虽然害怕竞争，但有勇气面对。

行动指南

❶ 比赛前做好形势分析，给自己加油打气

比赛之前，认真分析自己的优势和劣势，大致评估一下对手的实力，不要提前预想失败之后的事情，以免干扰自身的发挥。赛前要多多考虑制胜因素是什么，用什么技巧战胜对方，怎样最大限度地发挥自己的强项。一定要相信自己，别说任何丧气话，进入赛场以后立刻清空杂念，让自己马上进入状态。

❷ 摆脱固定型思维，培养成长型思维

具有固定型思维的人总用一成不变的眼光看待自己，害怕接受挑战，不敢和任何人竞争；具备成长型思维的人则喜欢用发展的眼光看待自己，乐于从负面经历中吸取教训，敢于迎接一次又一次挑战。要想破茧成蝶，就必须摆脱固定型思维，有意识地培养成长型思维，只有这样才能在完善自我的同时，理性地面对竞争，成为真正的强者。

❸ 跳出舒适圈，战胜自己

故步自封比盲目尝试更可怕，人可以在不断试错中成长，然而连试错的勇气都没有，就没有机会获得成长。所以，一定要战胜自己。有时候，最大的敌人就是自己。战胜自己，勇敢地跳出舒适圈，才能获得成功。

心理学小课堂

　　心理学家认为，要想参与竞争，并在竞争中获胜，必须培养冒险精神，逼迫自己去尝试自己害怕的事情。如果克服不了恐惧，那么最好想想竞争给自己带来的好处，比如提升技能、激发潜能、获得成就感等。你一旦发现参与竞争好处很多，远远大于恐惧带给你的烦恼和压力，就会摆脱消极的心态，积极参与竞争。

　　你喜欢逃避竞争，根本原因在于夸大了竞争的坏处和恐惧本身，一旦转变思路，开始用积极的眼光看待竞争，就会马上改变对竞争的态度，不仅不想临阵脱逃，还会以全新的姿态投入到激烈的竞争中去。其实健康的竞争对人是无害的，适度地参与竞争，享受拼搏的过程，可以更好地发展自我。只要不给自己施加太大压力，正确地看待输赢，以轻松的心态迎接挑战，你完全可以从竞争中获益。

NO.3

不懂得与他人合作

小朋友说

我是一个独立好强的孩子。上幼儿园的时候，其他小朋友聚在一起搭积木，我一个人躲在角落里拼城堡，既不愿别人插手，也不想加入大家，直到完工，才骄傲地宣布，漂亮的城堡是我一个人搭成的。进入小学以后，我还是不喜欢和人合作，做科学实验的时候，我尽管手忙脚乱，也比别的同学做得好。老师却不认同我，说我不会合作，将来肯定要吃大亏。他说的对吗？

心理疏导

小朋友既有独立意识，又有上进心，是一件好事。但独立不等于孤立，你生活在集体中，必须融入班集体，才能更好地应对学习和生活上遇到的困难。一个人的能力毕竟是有限的，无论你多么聪明、多么独立，都不可能出色地完成多个人才能完成的任务。要想让自己变得更有竞争力，必须学会借助集体的智慧和力量，不能总是单打独斗。

不良心理反应

- 我一个人就能把事情做好，不需要和别人合作。
- 我喜欢一个人做事情，不想让任何人插手。
- 我不想和别人分享成果，所以不愿合作。

积极心理暗示

01 一个人的能力是有限的，我得学会合作才行。

02 从今天起，我要培养合作精神。

03 我愿意和大家一起努力，一起分享成果。

行动指南

1 培养双赢思维

对于一名小学生来说，学会合作，是成长过程中不可或缺的一环。拥有合作精神，可以交到朋友，还能帮助你克服自私自利的缺点，使你在互惠互利的合作过程中，和同学一起实现共同进步的目标。

2 主动参加集体活动

培养合作精神，可以从参加集体活动入手。体育课和运动会上，踊跃参加打篮球、拔河等活动；实验课上，学会和学习小组的成员分工协作，遇到问题，集思广益，一起想办法。等到你习惯了集体氛围，养成了团结协作的思维，就不会一个人埋头苦干了。

3 在一些小事中体悟合作的快乐

在趣味游戏和学习过程中，体悟合作的快乐。和小伙伴在协商、协作和互相支援的过程中，感受合作精神的重要性。对比之前单打独斗的行为，你会发现，互相帮助，互相配合，远比一个人慌乱地处理事情要好。

心理学小课堂

现在的儿童早早被灌输了竞争的思想。小朋友们理解能力有限，很有可能把竞争看成个体之间的对决，从而忽略了人与人之间的相关性，忽略了合作的重要性。其实，合作和竞争是并存的。我们不能否认个体和个体之间的竞争，但也不能否认个体之间的协作关系，一个人无论能力多么突出，智力多么出众，不懂得合作，也会面临被淘汰的风险。

我们长大成人以后，终要步入社会，走上工作岗位，如果还像儿时那样以自我为中心，不懂得合作互利，就会在职场上失去立锥之地。由于幼年养成的习惯很难改掉，故而在小学阶段，就要有意识地培养自己的合作精神。不管怎样，都不能继续做"独行侠"了，要尽早学会与他人合作。

NO.4 不愿承认别人比自己好

小朋友说

不知为什么,我总是口是心非,不愿承认别人比自己优秀。看到别的小朋友玩"乐高"玩得好,我心里暗暗称赞,嘴上却说:"有什么了不起,我比他会玩。"看到同学考试考得好,我心里很羡慕,嘴上却说:"有什么了不起,这次出题简单,我要不是马虎,也能考满分。"我知道自己一直在说假话,也想过要表达真实的想法,可是对我来说,承认别人比自己优秀,比承认自己失败还难,该怎么办才好呢?

心理疏导

承认别人比自己优秀,就等于间接承认了自己不如对方,心里当然会感到难受。这种心理很正常。不过,不敢承认,拒绝承认,并不能改变事实。你只有敢于面对事实,敢于承认别人在某些方面确实比自己强,才能正确地认识和接受自己,进而取得更大的进步。客观评价别人和自己,方能知耻而后勇,获得更好的成绩。

不良心理反应

- 我永远不会承认别人比我优秀。
- 我没有勇气面对真相。
- 我不能在气势上输给任何人。

积极心理暗示

01 别人比我优秀是客观事实，我可以大方承认。

02 在某一方面别人确实比我好，但我也有自己的长处。

03 我乐于认可任何一个比我强的人。

行动指南

1 学会赞美别人

别人的优秀反衬出了你的普通，你一时难以接受。马上承认别人的优秀和自己的不足，可能很难办到，你可以尝试着从赞美别人开始。真诚地赞美别人，向优秀的人看齐，一点一点地精进自己，让自己也变得优秀。

2 放下成见，努力向优秀的人靠拢

别人做到的事情，自己做不到，不可避免地会产生"酸葡萄"心理。在不良心理的影响下，你可能会用有色眼镜看待优秀的人。只有放下偏见，认可别人的实力，努力向优秀的人靠拢，自己才能成为同样优秀的人。

3 积极行动，充实自己

不愿承认别人优秀，极力否认别人的能力，是一种自我麻醉的表现，似乎不认可别人，就能心安理得地原地踏步了。这种心态显然是消极的。看到别人优秀，不甘心自己落后，就要采取积极的行动，努力充实自己。

心理学小课堂

心理学上有一种现象叫"达克效应",说的是由于认知偏差的影响,越是能力欠缺的人,越无法认清自己的不足,不仅不能客观评估自己,更不能正确估计别人的能力。也就是说,越没本事的人,越无法正视别人的优秀,而真正优秀的人,却虚怀若谷,懂得欣赏他人。

要摆脱达克效应的影响,首先要承认自己的无知,其次要学会反思,最好给自己一个重新认识自我的机会。发现自己不如别人,既不能自卑,也不能摆出妄自尊大的姿态,而要主动向厉害的人学习,汲取别人的优点和长处,修炼自己的才能,努力成为自己想成为的人。如果觉得自己和别人差距悬殊,没有信心追上对方的步伐,也不要否定自己,要慢慢缩小差距,一点一点地进步成长,争取稳步向优秀人物靠近。